Die Messfeier

den Kindern erklärt

von Tobias Schmid

mit Illustrationen von Susanne Schwandt

Butzon & Bercker

Sonntag – der Tag des Herrn

Der Sonntag ist ein besonderer Tag. Wir Christen sagen: Der Sonntag ist der „Tag des Herrn“. An diesem Tag oder auch am Samstagabend, der schon zum Sonntag gehört, kommen wir zur Kirche, dem Haus Gottes, um miteinander die heilige Messe zu feiern.

Wir erinnern uns daran, dass unser Herr, Jesus Christus, am Ostersonntag auferstanden ist und nun bei Gott lebt. Freudig feiern wir miteinander die heilige Messe, in der Jesus in unserer Mitte ist.

Den Verlauf dieser Feier am Tag des Herrn bestimmen zwei große Teile: der Wortgottesdienst und die Eucharistiefeier. Sie werden eingerahmt durch den vorbereitenden Teil, der Eröffnung heißt, und den abschließenden Teil, die sogenannte Sendung.

In diesem Buch wirst du hierüber und auch über die wichtigsten Texte der Messfeier am Sonntag viel erfahren. Und weil meist der Priester und alle Gemeindemitglieder in dieser Feier im Wechsel sprechen oder singen, werden dir dabei besonders zwei Abkürzungen immer wieder begegnen: „P“ für Priester und „A“ für „Alle“.

Eröffnung

Steckbrief

Alle Mädchen und Jungen, die schon zur Erstkommunion gegangen sind, sind dazu eingeladen, **Messdiener oder Ministranten** zu werden. Meist treffen sich die Kinder dann mit älteren Messdienern oder auch mal mit dem Pfarrer, um den Dienst am Altar zu lernen und immer wieder zu üben. Dabei erfahren sie viel über den Ablauf der Messe und die Bedeutung aller Gegenstände, die bei einer Messfeier Verwendung finden.

Begrüßung

Die Messfeier beginnt: Wir stehen auf und singen ein Lied. Der Priester zieht mit Messdienerinnen und Messdienern in die Kirche ein. Sie verneigen sich vor dem Altar. Mit dem Gesang und der Verneigung begrüßen wir Jesus, der in dieser Feier mitten unter uns ist. Dann machen wir gemeinsam mit dem Priester das Kreuzzeichen, das Erkennungszeichen der Christen:

P: *Im Namen des Vaters und des Sohnes und des Heiligen Geistes.*

A: *Amen.*

Mit dem Kreuzzeichen zeigen wir: Wir gehören zu Jesus Christus. Das Wort „Amen" ist ein hebräisches Wort und bedeutet: „So sei es". Wenn wir „Amen" sagen, dann stimmen wir dem Gebet des Priesters zu. Der Priester breitet die Hände aus und begrüßt uns. Er sagt, dass Jesus bei uns ist, und wir wünschen ihm das auch:

P: *Der Herr sei mit euch.*

A: *Und mit deinem Geiste.*

Wusstest du …

In der Messe wird es dir immer wieder auffallen, dass der Priester bestimmte Gesten macht, etwa Kniebeugen oder Verbeugungen. Zu Beginn der Messfeier breitet er die Arme weit aus, so, als wolle er alle Anwesenden in die Arme schließen.

Schuldbekenntnis

Damit wir die heilige Messe froh feiern können, denken wir über uns nach: Was haben wir falsch gemacht? Waren wir lieblos zu anderen? Haben wir geholfen, wenn jemand unsere Hilfe brauchte? Für alles, was wir falsch gemacht haben, bitten wir Gott um Verzeihung. Er vergibt uns.

Wusstest du …

… dass das Gewissen etwas ganz Wichtiges ist? Jeder von uns hat ein Gewissen, auf das es sich zu hören lohnt. Es ist wie eine Stimme in uns oder wie ein Gefühl, das uns sagt, wenn etwas falsch oder nicht gut war. Mit all dem können wir zu jeder Zeit zu Gott kommen, er hat immer ein offenes Ohr und ein offenes Herz, um uns zu verzeihen.

P: *Wir sprechen das Schuldbekenntnis.*

A: *Ich bekenne Gott, dem Allmächtigen, und allen Brüdern und Schwestern, dass ich Gutes unterlassen und Böses getan habe – ich habe gesündigt in Gedanken, Worten und Werken – durch meine Schuld, durch meine Schuld, durch meine große Schuld. Darum bitte ich die selige Jungfrau Maria, alle Engel und Heiligen und euch, Brüder und Schwestern, für mich zu beten bei Gott, unserem Herrn.*

P: *Der allmächtige Gott erbarme sich unser, er lasse uns die Sünden nach und führe uns zum ewigen Leben.*

A: *Amen.*

(Das Schuldbekenntnis kann entfallen und durch ein Bußlied ersetzt werden.)

Wusstest du …

Eine besondere Weise, über unsere Fehler nachzudenken und Gott um Verzeihung zu bitten, ist die Beichte, das Sakrament der Versöhnung. Der Einzelne spricht dann mit einem Priester, der im Namen Jesu die Sünden vergeben kann.

Kyrie

Wusstest du …

… dass „Kyrie eleison" früher nicht in erster Linie ein Ruf um Erbarmen war, sondern eine besondere Verehrung ausdrückte? Wenn die Christen ihren Herrn als „Kyrios" anrufen, dann verehren sie ihn als den Starken und den Retter, der allmächtig ist.

Nach dem Schuldbekenntnis beten oder singen wir das „Kyrie eleison" im Wechsel mit dem Priester. Dieser Ruf um Vergebung ist griechisch und bedeutet: „Herr, erbarme dich."

P: *Kyrie eleison.* A: *Kyrie eleison.*
(Herr, erbarme dich.)

P: *Christe eleison.* A: *Christe eleison.*
(Christus, erbarme dich.)

P: *Kyrie eleison.* A: *Kyrie eleison.*
(Herr, erbarme dich.)

Gott hat uns unsere Schuld vergeben. Deshalb loben wir ihn mit einem Lied oder einem Gebet. Das Lied erinnert an das Loblied, das die Engel damals in der Nacht, als Jesus in Betlehem geboren wurde, Gott voller Freude sangen:

Ehre sei Gott in der Höhe
und Friede den Menschen auf Erden.

Auf Lateinisch heißt das: „Gloria in excelsis deo." Deshalb heißt das Gebet oder Lied an dieser Stelle einfach „Gloria".

Tagesgebet

Der Priester breitet die Arme aus und spricht für uns alle ein Gebet. Er bringt darin das besondere Anliegen des Tages vor Gott, zum Beispiel, dass wir in dieser Messe besonders für den Frieden in der Welt beten.

Lies nach!

Im zweiten Kapitel des Lukasevangeliums wird die Geburt Jesu erzählt. Im Vers 14 singen die Engel und loben Gott. Das sind die Worte, die wir bis heute im „Gloria" singen.

Wortgottesdienst

Steckbrief

Wer als **Lektor oder Lektorin** im Gottesdienst mitwirken möchte, wird meist mit dem Pfarrer eine kleine Schulung machen und eventuell vom Bischof eine Urkunde bekommen. Lektoren üben einen wichtigen Dienst aus, denn das Wort Gottes, wie sie es aus der Bibel vorlesen, hat für jeden Christen eine besondere Bedeutung.

Jetzt beginnt der erste große Teil der Messfeier: der Wortgottesdienst. In diesem Teil der Messe geht es um das Wort Gottes, das in den Schriften des Alten und Neuen Testaments der Bibel aufgeschrieben ist.

Lesung

Wir setzen uns hin. Jemand aus der Gemeinde, eine Lektorin oder ein Lektor (L), geht zum Ambo, dem Lesepult, und liest uns die Lesung aus der Bibel vor. Am Ende sagt sie oder er:

L: *Wort des lebendigen Gottes.*

A: *Dank sei Gott.*

Zwischengesang

Nachdem wir Gottes Wort gehört haben, antworten wir mit einem Psalm. Vor dem Evangelium wird außerhalb der Fastenzeit das „Halleluja“ mit Vers gesungen. Der freudige Ruf „Halleluja“ ist hebräisch und bedeutet „Preiset Gott!“

Evangelium

Wusstest du …

Das Wort „Evangelium“ kommt aus dem Griechischen und heißt übersetzt „Frohe und gute Botschaft“. Im Neuen Testament bilden die vier einzelnen Evangelien von Matthäus, Markus, Lukas und Johannes „das Evangelium“.

Jetzt geht der Priester zum Ambo. Manchmal wird er dabei von Messdienerinnen oder Messdienern mit Kerzen oder Weihrauch begleitet. Dann verkündet der Priester uns das Evangelium. Da Jesus Christus selbst in seinem Wort zu uns spricht, stehen wir auf, um ihn zu begrüßen.

Bevor der Priester das Evangelium vorliest, spricht er mit uns im Wechsel:

P: *Der Herr sei mit euch.*

A: *Und mit deinem Geiste.*

P: *Aus dem heiligen Evangelium nach ...*
(Matthäus, Markus, Lukas oder Johannes).

A: *Ehre sei dir, o Herr.*

Bei der letzten Antwort machen wir mit dem Daumen ein kleines Kreuz auf die Stirn, auf den Mund und auf unser Herz. Damit zeigen wir: Wir wollen versuchen, die Frohe Botschaft zu verstehen. Wir wollen sie weitersagen und in unserem Herzen tragen, um so zu leben, wie Jesus es uns gezeigt hat.

Nachdem der Priester das Evangelium verkündet hat, sagt er:

P: *Evangelium unseres Herrn Jesus Christus.*

A: *Lob sei dir, Christus.*

Wusstest du …

Jeder der vier Evangelisten wird mit einem eigenen Symbol dargestellt: Das Zeichen für Matthäus ist der Mensch, das für Markus der Löwe, das für Lukas der Stier und das Zeichen für Johannes der Adler.

Predigt

Wusstest du …

… dass das Glaubensbekenntnis schon ein sehr alter Text ist? Von Anfang an haben die Christen kürzere oder längere Texte gekannt, in denen sie ihren Glauben zum Ausdruck gebracht und bekannt haben. Alle wichtigen Punkte des Glaubens sind in so einem Glaubensbekenntnis zusammengefasst.

In der Predigt erklärt uns der Priester die Worte aus der Bibel. Er sagt uns, was daraus für unser Leben wichtig ist und was Jesus uns heute noch lehrt. Die Predigt hilft uns besser zu verstehen, was Gott uns mit seinen Worten sagen will. Damit wir geduldig zuhören können, setzen wir uns hin.

Glaubensbekenntnis

Das Evangelium kann in unserem Leben nur wirken, wenn wir ihm Glauben schenken. Deshalb stehen wir nach der Predigt alle auf und bekennen unseren Glauben. Manchmal singen wir ein Lied oder alle sprechen gemeinsam das „Apostolische Glaubensbekenntnis“:

A: *Ich glaube an Gott, den Vater, den Allmächtigen, den Schöpfer des Himmels und der Erde, und an Jesus Christus, seinen eingeborenen Sohn, unseren Herrn, empfangen durch den Heiligen Geist, geboren von der Jungfrau Maria, gelitten unter Pontius Pilatus, gekreuzigt, gestorben und begraben, hinabgestiegen in das Reich des*

Todes, am dritten Tage auferstanden von den Toten, aufgefahren in den Himmel; er sitzt zur Rechten Gottes, des allmächtigen Vaters; von dort wird er kommen, zu richten die Lebenden und die Toten. Ich glaube an den Heiligen Geist, die heilige katholische Kirche, Gemeinschaft der Heiligen, Vergebung der Sünden, Auferstehung der Toten und das ewige Leben. Amen.

Fürbitten

In den Fürbitten beten wir miteinander für alle Menschen in der Welt. Wir denken dabei auch an die Notleidenden und Kranken und an die Verstorbenen. Auf die Fürbitte der Vorbeterin oder des Vorbeters (V) antworten alle:

V: *Herr, unser Gott.*	oder:	V: *Christus, höre uns.*
A: *Wir bitten dich, erhöre uns.*		A: *Christus, erhöre uns.*

oder einen anderen Antwortruf.

Lies nach!

Jesus hat uns alle aufgefordert, unsere Bitten Gott zu sagen. Lies mal nach im Lukasevangelium Kapitel 11, Vers 9–13. Dort heißt es: „Bittet, dann wird euch gegeben; sucht, dann werdet ihr finden; klopft an, dann wird euch geöffnet.“

Wusstest du …

Das griechische Wort „Eucharistie“ bedeutet „Dank sagen“. Wenn wir Eucharistie feiern, also mit Jesus Mahl halten, danken wir ihm: für seine Liebe und alles, was er uns schenkt, für unsere Familie, dass es uns gut geht und wir alles haben, was wir brauchen.

Mach mit!

In der Gabenbereitung werden Brot und Wein zum Altar gebracht und für die Eucharistie vorbereitet. Genauso wichtig ist es, dass wir uns innerlich vorbereiten, dass wir ganz still und aufmerksam werden.

Eucharistiefeier

Mit der Eucharistiefeier, der Mahlfeier, beginnt der zweite große Teil der Messe. Als Jesus mit seinen Freunden, den Jüngern, das letzte Mahl feierte, hat er Gott, seinem Vater, für alle Wohltaten gedankt. In der Messe sind wir alle eingeladen, Gott zu danken.

Gabenbereitung und Gabengebet

Die Eucharistiefeier beginnt mit der Gabenbereitung, zu der wir uns hinsetzen und ein Lied singen. Die Messdienerinnen oder Messdiener bringen Brot und Wein zum Altar. Diese einfachen Gaben sind Frucht der Erde und der Arbeit des Menschen. Mit ihnen bringen wir unser ganzes Leben vor Gott: unser Leben mit allem Frohen und allem Traurigen. Während der Priester Brot und Wein für die Feier des Mahles mit Jesus vorbereitet, wird unsere Geldgabe für die Kirche und die Armen eingesammelt.

Wir glauben, dass Gott die Gaben von Brot und Wein annimmt, sie verwandelt und sich uns in ihnen selbst schenkt. Darum bittet der Priester Gott im Gabengebet.

Eucharistisches Hochgebet

Lies nach!

Bevor Jesus zum Tod am Kreuz verurteilt wurde, hat er mit seinen Jüngern ein letztes Abendmahl gehalten. Du kannst das nachlesen, etwa im Lukasevangelium Kapitel 22, Verse 14–23. Am Gründonnerstag erinnern wir uns besonders an dieses letzte Abendmahl, aber wir feiern es auch sonst in jeder Eucharistiefeier.

Das Hochgebet ist das große und wichtige Dankgebet der Messfeier. Es beginnt mit feierlichen Worten, die der Priester und die Gemeinde im Wechsel sprechen:

P: *Der Herr sei mit euch.*	A: *Und mit deinem Geiste.*
P: *Erhebet die Herzen.*	A: *Wir haben sie beim Herrn.*
P: *Lasset uns danken dem Herrn, unserem Gott.*	A: *Das ist würdig und recht.*

Der Priester betet weiter und fordert uns auf, Gott zu preisen und zu loben. Wir beten oder singen das „Sanctus“, was übersetzt „heilig“ bedeutet:

A: *Heilig, heilig, heilig Gott, Herr aller Mächte und Gewalten. Erfüllt sind Himmel und Erde von deiner Herrlichkeit. Hosanna in der Höhe. Hochgelobt sei, der da kommt im Namen des Herrn. Hosanna in der Höhe.*

Wir knien uns hin. Jetzt erbittet der Priester von Gott, dass er die Gaben von Brot und Wein annimmt und sie uns verwandelt wieder schenkt als seine heilige Speise. Dabei erinnert er uns an das, was Jesus beim letzten Abendmahl gesagt und getan hat. Der Priester spricht die Einsetzungsworte über die Gaben von Brot und Wein:

P: *In der Nacht, da er verraten wurde, nahm Jesus das Brot und sagte Dank, brach es, reichte es seinen Jüngern und sprach:*

NEHMET UND ESSET ALLE DAVON:
DAS IST MEIN LEIB,
DER FÜR EUCH HINGEGEBEN WIRD.

Ebenso nahm er nach dem Mahl den Kelch, dankte wiederum, reichte ihn seinen Jüngern und sprach:

NEHMET UND TRINKET ALLE DARAUS:
DAS IST DER KELCH
DES NEUEN UND EWIGEN BUNDES,
MEIN BLUT, DAS FÜR EUCH
UND FÜR ALLE VERGOSSEN WIRD
ZUR VERGEBUNG DER SÜNDEN.
TUT DIES ZU MEINEM GEDÄCHTNIS.

Wusstest du …

In der ganzen Messfeier, aber besonders beim Hochgebet, kannst du beobachten, dass der Priester nicht nur mit Worten, sondern auch mit Gesten betet. Er breitet die Arme aus, um uns alle einzuladen, er verbeugt sich und macht eine Kniebeuge, um seine Verehrung auszudrücken. Er ist ganz und gar, mit „Leib und Seele", dabei.

Nach den Einsetzungsworten spricht oder singt der Priester:

P: *Geheimnis des Glaubens.*

A: *Deinen Tod, o Herr, verkünden wir und deine Auferstehung preisen wir, bis du kommst in Herrlichkeit.*

Unser Herr Jesus Christus lebt. Er ist in unserer Mitte. Das ist das Geheimnis unseres Glaubens, für das wir Gott nicht genug danken können.

In dem anschließenden Gebet erinnert uns der Priester daran, dass wir alle zu einer großen Kirche gehören. Wir denken an alle, die die Kirche leiten. Wir denken an alle Menschen auf der Welt. Wir denken an die Menschen, die schon gestorben sind.

Am Ende des Hochgebets erhebt der Priester den Kelch und die Hostie und spricht dabei:

P: *Durch ihn und mit ihm und in ihm ist dir, Gott, allmächtiger Vater, in der Einheit des Heiligen Geistes alle Herrlichkeit und Ehre jetzt und in Ewigkeit.*

A: *Amen.*

Kommunion

Vaterunser

Auf das gemeinsame Mahl, die Kommunion, bereiten wir uns mit dem Vaterunser als Tischgebet vor. Gemeinsam sprechen wir das Gebet, das Jesus selbst seine Jünger gelehrt hat.

A: *Vater unser im Himmel, geheiligt werde dein Name. Dein Reich komme. Dein Wille geschehe, wie im Himmel so auf Erden. Unser tägliches Brot gib uns heute. Und vergib uns unsere Schuld, wie auch wir vergeben unseren Schuldigern. Und führe uns nicht in Versuchung, sondern erlöse uns von dem Bösen. Denn dein ist das Reich und die Kraft und die Herrlichkeit in Ewigkeit. Amen.*

Friedensgruß

Bevor wir alle von dem einen Brot essen, bittet der Priester Gott in einem Gebet um Frieden in der Welt und unter uns. Dann wünscht er uns den Frieden Christi:

P: *Der Friede des Herrn sei allezeit mit euch.*

A: *Und mit deinem Geiste.*

Jesus möchte, dass wir seinen Frieden weitergeben an alle Menschen, denen wir begegnen. Als Zeichen dafür geben wir den Nachbarn in unserer Bank die Hand. Wir sagen: „Der Friede sei mit dir!“

Lies nach!

Das Vaterunser ist ein ganz besonderes Gebet, denn Jesus selbst hat es seinen Jüngern beigebracht. Du findest es im Matthäusevangelium Kapitel 6, Vers 9–13.

Wusstest du …

Zum Friedensgruß reichen sich bei uns die Menschen in den Bänken die Hand und wünschen sich gegenseitig den Frieden. Aber es gibt noch andere Formen. Je nach Kultur und Bräuchen in den verschiedenen Ländern nehmen sich die Gläubigen zum Beispiel in den Arm.

Steckbrief

Kommunionhelfer sind Männer und Frauen aus der Gemeinde, die den Pfarrer beim Austeilen der Kommunion unterstützen. Sie haben sich auf diesen Dienst vorbereitet und wurden vom Bischof dazu beauftragt.

Lies nach!

Wie ein Opferlamm ist Jesus gestorben, um für uns das ewige Leben zu erlangen. In der Bibel wird Jesus mehrmals als Lamm bezeichnet. Du kannst das zum Beispiel nachlesen im ersten Brief des Petrus 1,18.

Lamm Gottes

Der Priester bricht das heilige Brot, die Hostie, in mehrere Teile. Wir beten dabei gemeinsam:

A: *Lamm Gottes, du nimmst hinweg die Sünde der Welt: erbarme dich unser. Lamm Gottes, du nimmst hinweg die Sünde der Welt: erbarme dich unser. Lamm Gottes, du nimmst hinweg die Sünde der Welt: gib uns deinen Frieden.*

Einladung zur Kommunion

Alle knien sich hin. Der Priester zeigt der Gemeinde die Hostie, den Leib Christi, und spricht:

P: *Seht das Lamm Gottes, das hinwegnimmt die Sünde der Welt.*

A: *Herr, ich bin nicht würdig, dass du eingehst unter mein Dach, aber sprich nur ein Wort, so wird meine Seele gesund.*

Mit dem Lamm Gottes ist Jesus gemeint, der sein Leben für uns am Kreuz geopfert hat. Im Mahl schenkt er sich uns im Brot des Lebens. Das ist ein großes Geschenk, für das wir nicht genug danken können.

Kommunionspendung

Jetzt gehen alle nach vorne zum Altar und empfangen das Brot, das Jesus selber ist.
Der Priester zeigt uns die Hostie und spricht dabei:

P: *Der Leib Christi.* A: *Amen.*

Mit dem „Amen" sagen wir, dass wir bereit sind, Jesus in uns aufzunehmen. Der Priester gibt uns die Hostie in die Hand und wir legen sie andächtig in unseren Mund. Wir gehen zurück auf unseren Platz und beten still ein Dankgebet. Wer noch nicht Erstkommunion gefeiert hat, wird mit einem kleinen Kreuz auf die Stirn gesegnet.

Wenn etwas von dem heiligen Brot übrig bleibt, stellt der Priester es in den Tabernakel, einen kostbaren Schrank in der Nähe des Altars. Das „ewige Licht", das daneben brennt, zeigt uns: Jesus ist hier bei uns im heiligen Brot. Deshalb macht der Priester eine Kniebeuge davor. Auch wir machen das zu Beginn und am Ende der Messe.

Schlussgebet

Nach dem Danklied spricht der Priester das Schlussgebet. Er dankt Gott und bittet ihn, dass er uns nahe bleibt, damit es uns immer besser gelingt, als Freunde von Jesus zu leben.

Entlassung

Gebet

Guter Gott,
wir haben die Messe gefeiert und konnten so ganz besonders nahe bei dir sein.
Bleibe bei uns, wenn wir jetzt wieder nach Hause gehen!
Bleibe bei uns, wenn ein neuer Tag und eine neue Woche beginnen mit allem, was schön und was schwierig ist!
Bleibe bei uns und beschütze uns!
Amen.

Jesus hat seine Jünger in die Welt gesandt, damit sie den Menschen von seinen Taten und Worten erzählen. Wie die Jünger damals, so sendet der Priester am Ende jeder Messfeier auch uns aus. Früher tat er das mit den lateinischen Worten „Ite, missa est", was bedeutet: „Geht, die Gemeinde ist entlassen". Später wurde daraus unser Wort „Messe".

Segen

Der Priester verabschiedet uns, indem er Gott um seinen Segen für uns bittet. Wir sind eingeladen, den Frieden Gottes in unser Leben zu tragen.

P: *Der Herr sei mit euch.*

A: *Und mit deinem Geiste.*

P: *Es segne euch der allmächtige Gott, der Vater, der Sohn und der Heilige Geist.*

A: *Amen.*

P: *Gehet hin in Frieden.*

A: *Dank sei Gott, dem Herrn.*

Schlusslied

Mit dem Schlusslied ist die Messfeier zu Ende. Der Priester zieht mit den Messdienerinnen und Messdienern aus der Kirche. Auch wir verlassen das Haus Gottes. Vor der Kirche treffen wir noch Menschen aus unserer Gemeinde.

Der Verlauf der Messfeier

Eröffnung

Begrüßung

Schuldbekenntnis

Kyrie

Gloria

Tagesgebet

Wortgottesdienst

Lesung

Zwischengesang

Evangelium

Predigt

Glaubensbekenntnis

Fürbitten

Eucharistiefeier

Gabenbereitung und

Gabengebet

Eucharistisches Hochgebet

Kommunion

Vaterunser

Friedensgruß

Lamm Gottes

Einladung zur Kommunion

Kommunionspendung

Schlussgebet

Segen

Schlusslied

Hinweise für Eltern, Erzieher und Katecheten

Die Messfeier gilt in der katholischen Kirche zugleich als die Quelle und der Höhepunkt des Gemeindelebens. Das heißt, dass der Einzelne durch die Feier der Messe persönlich gestärkt wird und neue Kraft schöpfen kann. Auch die Gemeinde als Gemeinschaft von Menschen, die ihr Leben als Gläubige leben und gestalten möchten, sieht hier eine Kraftquelle. Wenn die Messfeier zugleich der Höhepunkt des Gemeindelebens ist, dann deswegen, weil die Menschen hier auf ganz besondere und dichte Weise Jesus Christus in der Kommunion begegnen. Das ist eine andere Art als in allen anderen Dingen, die das Gemeindeleben prägen, wie z. B. bei Pfarrfesten, Kindergruppen oder Hilfsangeboten für alte und kranke Menschen. Aber in all diesen Aktionen lebt der Geist Jesu, der in der Messe besonders zu erfahren ist. So ist die Messfeier der Dreh- und Angelpunkt des Gemeindelebens: Sie prägt das Leben dort, aber das Leben dort prägt auch die Messfeier, denn die Gläubigen bringen all ihre Erfahrungen, ihre Sorgen und Nöte mit und können sie vor Gott bringen.

Neben der Feier der Messe gibt es noch zahlreiche andere Formen des Gottesdienstes, die die Gläubigen in der Kirche feiern. Es gibt Wort-Gottes-Feiern und Andachten zu bestimmten Anlässen, etwa Marienandachten. Es gibt Krippenfeiern zu Weihnachten und Kreuzwegandachten am Karfreitag. All dies sind schöne und wichtige Formen des Gottesdienstes, die sich durch einen wesentlichen Punkt von der Messe unterscheiden: In ihnen wird keine Eucharistie gefeiert.

Sich mit Kindern dem Thema nähern

Auf den vorhergehenden Seiten des Buches finden Sie viele Ideen zum Mitmachen. Wenn Sie das Thema mit der ganzen Familie oder mit einer Kindergruppe vertiefen möchten, bieten sich darüber hinaus diese Impulse an:

- Wenn Sie mit Kindern zur Messe gehen, nehmen Sie doch dieses Buch oder ein Kindermessbuch mit. Die zu den einzelnen Stationen der Messfeier gezeigten Bilder helfen den Kindern, sich in der Messe zu orientieren.
- Natürlich können die Kinder nicht alle Texte der Messfeier mitbeten. Aber üben Sie ein bis zwei ausgewählte Gebete, etwa das Kyrie und das Vaterunser. In der Messe mit den „Großen" mitbeten zu können, macht den Kindern meist große Freude.
- Regen Sie die Kinder nach einem Besuch der Messe an, selbst ein Bild oder einige Bilder dazu zu malen. Vielleicht möchten Sie gemeinsam ein eigenes kleines Kindermessbuch gestalten?

Fotonachweis: S. 4, S. 20: © Markus Grimm; S. 12: © Corrie – Fotolia.com; S. 23: © Photosani – Fotolia.com; S. 24: © Billy Perry – Fotolia.com

Bibliografische Information der Deutschen Nationalbibliothek
Die Deutsche Nationalbibliothek verzeichnet diese Publikation in der Deutschen Nationalbibliografie; detaillierte bibliografische Daten sind im Internet über http://dnb.d-nb.de abrufbar.

Das Gesamtprogramm von Butzon & Bercker finden Sie im Internet unter **www.bube.de**

ISBN 978-3-7666-3006-3

Den Kindern erzählt/erklärt 6

13. Auflage 2026

Umschlagillustration: Susanne Schwandt
Umschlaggestaltung: Kai & Amrei Serfling, Leipzig
Satz: 360GradMedienDesign, Berumbur (Ostfriesland)